BOOKS on DEMAND

Autorin:

Ulrike Solo lebt mit ihrer Familie im Münsterland, nahe der holländischen Grenze. Anfang 2014 gab sie ihren ursprünglichen Beruf als Arzthelferin auf, um neue Wege zu gehen. Neben ihrer Selbstständigkeit als schamanisch-systemische Lebensberaterin und Selbstfindungscoach arbeitet sie heute auch voller Freude an der Seite von behinderten Kindern. Im August 2014 hat sie ihr erstes Buch „Weil Liebe keine Fehler kennt" veröffentlicht, wodurch ihre Kreativität als Autorin geweckt wurde. In all ihren Büchern lässt sie die Menschen teilhaben an ihren privaten und beruflichen Lebenserfahrungen. Ihre größte Gabe ist es, jegliche Emotionen und ihre eigene Sicht auf die Welt auf verschiedenen wundervollen Wegen anderen Menschen nahe zu bringen. Hier drängt sie sich nie auf, sondern bietet ihren Mitmenschen eine offene Tür und somit einen ehrlichen und authentischen Blick in ihr Herz. Sie selbst sieht sich als Sprachrohr der Seele, für sich selbst und auch auf Wunsch für ihre Mitmenschen.

Mehr über Ulrike Solo findest Du hier:

Webseite: www.verstehe-dich-selbst.de

Ulrike Solo

Seelenumarmungen

Gedichte meiner Seele

Bibliografische Information der Deutschen Nationalbibliothek:

Die Deutsche Nationalbibliothek verzeichnet diese
Publikation in der Deutschen Nationalbibliografie;
detaillierte bibliografische Daten sind im Internet
über http://dnb.dnb.de abrufbar.

Illustration - Covergestaltung: Ulrike Solo

Herstellung und Verlag: BoD – Books on Demand,
Norderstedt

ISBN: 978-3-7392-3445-8

MIX
Papier aus verantwortungsvollen Quellen
Paper from responsible sources
FSC® C105338

Vorwort:

Dieses Buch beinhaltet von mir geschriebene Gedich-
te, welche aufgrund von ganz besonders intensiven
und emotionalen Erlebnissen entstanden sind. Manche
Erlebnisse darin durfte ich zunächst für mich selbst
verarbeiten, bevor mein Kopf all das in Worte fassen
konnte, was ich im Innern als Emotionen und auch als
traumhafte Bilder erlebte. Es waren immer Momente,
in denen ich meine eigene Seele oder die eines anderen Menschen im Herzen als innige Umarmung spüren durfte, in der tatsächliche Entfernung zueinander
oder Zeit unwichtig war.

Ich sage von Herzen DANKE an all die lieben Menschen, welche diese Erlebnisse mit mir teilten, sei es,
weil sie selbst ein Teil davon waren oder weil sie
meinen späteren Erzählungen davon lauschten, bevor
ich die passenden Worte zum Niederschreiben fand.

Magie

Und wenn ich so wie jetzt
draußen in der Sonne steh
und ein unsichtbarer Luftzug
Gänsehaut über meinen Körper
gleiten lässt,
und wenn ich mich dann
darin fallen lasse,
atme,
mich dem hingebe,
aufnehme,
annehme,
dann spüre ich sie,
meine Flügel,
wie sie spielerisch und leicht
im Hauch des Windes flattern,
voller Liebe und Genuss
zu meinem Sein.

Jeder ist einzigartig

Du möchtest wissen,
warum ich keinen Neid und keine Konkurrenz kenne?
Weil ich in jeder Seele
das Einzigartige und die Liebe sehe,
auch,
wenn mein Gegenüber dies selbst noch nicht kann.

Dasein

Viele Worte habe ich gelesen,
selbst unendlich viele Zeilen geschrieben,
was Freundschaft bedeutet.
Vielen Liedern habe ich dazu gelauscht
und selbst alles gegeben,
was ich für mich so sehr ersehnte.
Erst,
als ich mich fühlte,
wie von allen verlassen,
konnte ich wirklich spüren,
was fehlte in meinem Leben.
Es war das Dasein,
ein Dasein für mich selbst,
in der Freude,
in der Wut,
in dem Glücksgefühl
und in der Trauer.
In diesem Moment
nahm ich mich selbst in den Arm,
war da für mich,
in allem,
spürte mich,
ließ die Einsamkeit zu,
erneuerte die Freundschaft zu mir selbst
und erkannte mich in allem,
was vorher war und heute ist.
Heute suche ich nicht mehr nach Lösungen,
habe nicht immer die gewünschte Antwort.
Heute kann ich Dinge auch so stehen lassen
und erlebe dabei,
dass sich genau darin später

der gesuchte Weg verbirgt.
Heute bin ich da,
zu aller erst für mich,
ehrlich
und klar für Dich,
höre zu,
höre hin
und grenze mich dort ab,
wo andere nur nehmen
und nicht sind.
Dabei spielt gemeinsame Zeit keine Rolle mehr,
weil wir im Innern da sind,
für uns selbst
und für den anderen.
Manche Menschen habe ich dabei zurückgelassen,
weil sie nicht da waren,
so wie ich nicht für mich da war.
Vielleicht begegne ich ihnen später ganz neu,
so wie ich mir selbst neu begegnet bin.
Andere Seelen sind geblieben,
weil sie,
so wie ich heute auch,
einfach sind.
Neue Begegnungen entstehen und wachsen,
um einzeln
und gemeinsam
einfach nur zu sein.

Dasein -
für mich heute das kostbarste Geschenk
an mich selbst und an Dich.

Wage es JETZT

Es wird der Tag kommen,
wo alles Unausgesprochene ungesagt bleibt,
wenn Du nicht heute wagst zu reden.
Es wird der Tag kommen,
wo Deine Ängste Dir zeigen,
dass sie Dich ein Leben lang kontrolliert haben,
wenn Du nicht heute wagst zu vertrauen.
Es wird der Tag kommen,
wo Dein Herz hinter Eis verschlossen bleibt,
wenn Du nicht heute wagst zu lieben.
Es wird der Tag kommen,
wo Du nur noch Kampf gegen Dich selbst empfindest,
wenn Du nicht heute Frieden mit Dir schließt.
Es wird der Tag kommen,
wo Du noch mehr über Dich richtest
für all Deine Fehler,
wenn Du nicht heute wagst Dir zu vergeben.
Es wird der Tag kommen,
wo Du all die Jahre zurückdrehen möchtest,
wenn Du nicht heute Dein Herz in die Hand nimmst.

Was hast Du zu verlieren?
Deine Ehre, Deinen Stolz, Dein Herz?
Wage es und fühle mal genau hin,
was Du dann genau verlieren würdest.
Und während Du hineinspürst
fluche, schreie, kämpfe
und weine mein Herz,
ja weine,
laut oder leise,
das ist egal.

Denn mit jeder Träne,
die aus Deiner Seele kommt,
schenkst Du Dir selbst
Heilung, Frieden,
Vergebung und Liebe.
Jede Träne führt Dich aus Deiner Dunkelheit,
in der Du Dich selbst so sehr gefangen nimmst.
Jede Träne führt Dich näher zu Dir,
zu dem wundervollen Menschen,
der hinter all diesen
schmerzenden Mauern versteckt ist.

Und wenn die Wut und die Tränen gehen,
dann sei mutig,
glaube an Dich
und spüre, was Du dann wirklich verlierst.
Und dann danke Deinem Ego
in bedingungsloser Liebe
für seinen Schutz all die Jahre
und gib es frei aus seiner Zelle,
wo es so lang eingesperrt war.
So dass ihr beide wieder atmen und leben könnt,
um Euch zu begegnen auf gleicher Augenhöhe.
Und dann spüre in Dein Herz,
wie sanft und liebevoll es Dich immer gesehen hat
und doch wusste,
dass Du den Weg dort hinaus allein finden musst.
Verneige Dich nicht, schäme Dich nicht,
denn es liebte Dich stets für alles,
was Du bist.
Und dann lade Dein Ego ein,
Dich auf Deiner Herzensreise zu begleiten,
wo es staunend miterleben darf,

dass überall um Dich herum
Frieden und Nähe,
Zärtlichkeit und bedingungslose Liebe ist.
Und dann sinke in meine Arme mein Herz,
ohne Worte, denn ich weiß alles,
wusste es immer und war doch still.
Und dann sinke in meine Arme mein Herz
und spüre Dich und
den tiefen Frieden in Dir,
der auf dem Meer an Liebe schwimmt auf ewig.
Und dann sinke in meine Arme mein Herz
und spüre, wie Du beginnst zu leben.

Wage es JETZT!

Raus aus der Sackgasse, rein ins Glück

Wenn Du Dich in Schuld verstrickst,
ist Dein Leben eine Sackgasse.
Wenn Du erkennst,
dass es vielmehr um Schicksal und
um Lebenserfahrung geht,
dann eröffnen sich Dir
unendlich viele Wege zum Glück
und zum inneren Frieden.

Beste Freunde

Begegnung auf gleicher Augenhöhe -
Vertrauen ohne Angst -
einfach wir selbst sein und
genau das aneinander genießen -
das Lachen des anderen zu lieben
und auch die Tränen zu verstehen -
manchmal albernes Gekicher und
manchmal Schweigen im
absoluten Verständnis zueinander -
Ehrlichkeit ohne Verletzungen -
Sanftheit da,
wo sie gebraucht wird -
im inneren Kontakt miteinander,
auch wenn Kilometer zwischen uns liegen -
das Wissen,
dass die zugewendete Hand immer da ist,
wenn man die eigenen Wege im Leben geht -
zu erleben,
dass Freundschaft ganz leicht ist,
wenn sie aus tiefstem Herzen kommt,
ohne Erwartungen oder Forderungen an den anderen -

Das ist Freundschaft,
das durfte ich mit Dir wieder lernen
und dafür danke ich Dir.

Schreibe Dein Leben, JETZT

Erst, wenn jeder Mensch erkennt,
dass wir es selbst in der Hand haben,
was zählt im Leben,
für uns, im Miteinander, in allem,
dass Frieden, Menschlichkeit,
Glück und Liebe
erst in uns selbst
für uns selbst entstehen muss,
erst dann verändern wir.
Nicht jammern,
was falsch ist,
jeder selbst kann zu jeder Zeit die Veränderung sein,
die wir uns alle so sehr wünschen.
Liebe Dich,
schließe Frieden mit Dir,
nehme Dein Leben selbst in die Hand
und alles verändert sich in Dir
und somit für die Welt.
Habe den Mut,
steh nicht still, meckernd in der hinteren Reihe.
Habe den Mut und trete nach vorn,
verändere es für Dich
und schenke dadurch anderen den Mut,
ähnliches zu tun.
Nichts Anderes ersehnt sich diese Welt
so sehr von uns.
Nichts ist besser oder schlechter,
ALLES ist gleichwertig.

Schreibe Dein Leben, JETZT!

Ostern - ein Fest der Auferstehung

Du warst so ganz anders,
als all die Jahre davor,
besonders einfach,
herrlich still,
ohne Trubel und opulenten Speisen.
Bereit,
Dir wirklich zu begegnen,
hörte ich Dein Rufen
aus der Ferne.
Deine Stimme klang von weit her
und umarmte mein Herz.
Ich machte mich auf den Weg,
auf den Weg zu Dir.
Ich wusste sofort, wo ich Dich finden würde.
Während ich Dir näher kam,
spürte ich Dich
mit all Deiner Angst
und Verzweiflung von damals.
Noch immer kauertest Du unter
Deiner Bettdecke,
zitternd und weinend,
in der tiefen Sehnsucht,
dass Dich dort jemand herausholt.

Langsam, ganz langsam
ging ich auf Dich zu.
Ich sah in Deine Augen
und hörte Deine unausgesprochenen Worte:

„Ich trau mich nicht, SIE zu retten.
Sie leidet, weil ICH das da draußen nicht beende."

Vorsichtig nahm ich Dich in den Arm
und hielt Dich an meiner Brust,
wo sich unser Herzschlag zu einem Puls vereinte.
Ohne Worte sprach ich zu Dir:

„Du bist das Kind.
Du kannst weder SIE
noch jemanden anderen retten.
Es ist IHR Schicksal,
nicht das Deine.
Trotz all der Tränen darfst Du DEIN Leben retten.
Alles ist gut und richtig,
so wie es ist.
Ich bin gekommen,
um Dir den Weg hier raus zu zeigen.
Du kannst diesen Ort jederzeit verlassen,
wenn Du soweit bist."

Nach einer Weile standen wir auf,
hielten uns an den Händen,
vereint in Liebe
und den alten Erinnerungen.
Gemeinsam schauten wir SIE an.
SIE nickte uns liebevoll zu,
längst bereit, uns gehen zu lassen
und ihr eigenes Schicksal zu tragen.

Ganz sachte traten wir hinaus
ins Sonnenlicht.
Noch einmal schauten wir zurück
an diese Stätte des Gedenkens
und spürten,
dass dort der Frieden

und das Licht einzog.
Etwas war dort gegangen,
in uns war etwas geboren.
Ohne Worte gingen wir weiter
ins Hier und Jetzt,
noch immer an den Händen haltend.
Unsere Herzen waren längst
zu einer Einheit verschmolzen
und die Tür dorthin konnte sich endlich
in Frieden schließen.

Jetzt ruhst Du in mir,
schläfst Dich frei von allem,
staunst durch meine Augen
über das wundervolle Leben
und die Leichtigkeit darin.
Brauchst noch etwas Zeit,
um über die Wiesen
und Felder springen zu können,
doch in Deinen Augen
blitzt bereits die große Abenteuerlust
und die glückliche Erleichterung,
endlich frei
und mit mir vereint
im Leben zu sein.

Jetzt ist genau der richtige Moment

Jetzt ist genau der richtige Moment,
mein Ego anzuschauen,
in genau dem Teil meiner Lebenserfahrungen,
wo es immer noch im Schmerz
und in den alten Verletzungen feststeckt.
Hier bin ich, geliebter Anteil von mir.
Ich sehe Dich
und erkenne Deinen Schutz,
den Du mir damals aus tiefer Liebe geschenkt hast.
Ich spüre Dich
und erkenne Deine Angst
und Sorge darum,
dass mir genau das nochmals widerfährt.
Ich fühle Dich in Deiner Kraft
und dem Willen,
stets Dein Bestes zu geben
in meinem Sinne.
Ich verneige mich vor Dir,
vor Deiner Energie,
Deinem Mut,
Deinem bedingungslosen Dasein für mich.
Ich begegne Dir auf Augenhöhe
voller Dankbarkeit und Liebe.
Du bist wichtig,
ich brauche Dich in meinem Menschsein
und möchte Dich mitnehmen
ins Hier und Jetzt.
Gemeinsam lassen wir den alten Schmerz los,
vergeben uns selbst,
lösen uns von den Glaubenssätzen,
welche uns heute nicht mehr dienlich sind

für unser eigenes Wachstum und unser Leben.
Komm mit mir in diesen Moment,
voller Aufregung,
voller Lebensfreude,
in unser gemeinsames Licht.
Komm mit mir in diesen Moment,
nicht um zu siegen,
sondern um das Neue zu begrüßen,
wo wir sind,
was wir sind:
Mensch mit Ego
und
Seele mit Herz.
Komm mit mir in diesen Moment,
wo nichts muss
und doch alles möglich ist.
Komm mit mir in diesem Moment,
wo wir einfach sind.

In tiefer Liebe zu mir selbst.

Bitte verzeih...

Bitte verzeih.

Ich komme von weit her
und wünsche mir so sehr
endlich ankommen zu dürfen.
Dort, wo ich war,
durfte ich nicht sein.
Es war laut,
unerträglich laut,
Donner über mir,
um mich herum,
die Erde bebte unaufhörlich unter meinen Füssen.
Man verbot mir auszusprechen,
was ich denke,
legte meinen freien Geist in Ketten,
dass ich fast daran erstickte.
Dem Menschen, den ich liebe,
durfte ich dort nicht begegnen,
denn dieser Mensch wurde „Feind" genannt.
Ich musste dienen all jenen,
die von Freiheit und Recht predigten
und denen Gleichwertigkeit doch vollends
fremd ist.
Die Dörfer und Städte brannten
und mit ihnen all jene,
die mein Zuhause waren,
wo meine Wurzeln dem Schoß der Erde entsprangen.
Frieden, Freiheit und glückliches Leben
waren erloschen,
und doch die Sehnsucht nach all dem in mir nie.

Bitte verzeih.

Ich komme von weit her
und wünsche mir so sehr
endlich ankommen zu dürfen.
Ich weiß, dass Du verängstigt bist,
weil so viel Fremdes in mir wohnt.
Ich weiß, dass Du große Sorge hast
um Dein Zuhause und Deine Zukunft.
Wie sehr wünsche auch ich mir
ein Zuhause, eine Zukunft,
aussprechen zu dürfen,
was ich denke,
herrlich zu träumen mit einer Familie
und meinen Freunden.
So groß ist meine Sehnsucht nach Stille
in mir, über mir, unter mir,
wo endlich Leben beginnen könnte.
Wie wunderbar wäre es,
mein Leben mit dem Menschen zu teilen,
dem ich mein Herz geschenkt,
unabhängig von Religion, Herkunft
oder Hautfarbe.
Wie magisch wäre die Erfahrung,
in eine friedvolle Zukunft gehen zu können
mit meinen Kindern.

Bitte verzeih.

Ich komme von weit her
und wünsche mir so sehr
endlich ankommen zu dürfen.
Auch ich bin verunsichert und ängstlich,

gibt es doch auch hier in Deiner Welt
so vieles, was ich nicht kenne.
Bitte gib mir Zeit,
um Dich, Deine Rituale, Deine Grenzen zu erkennen.
Bitte hilf mir,
nicht nur Deine Sprache zu verstehen,
sondern auch all Deine Ideale und Emotionen.
Ich möchte Dir nichts nehmen,
was Dir wichtig ist.
Weiß ich doch selbst,
wie grau das Leben ist, wenn es ausgeraubt wird.
Und wenn ich hier ankommen darf,
möchte ich auch Dir etwas schenken,
wenn Du bereit dafür bist.
Ich würde Dir gern erzählen,
von mir,
von den Zielen und Träumen meiner Ahnen,
von dem Glauben, der mich stets durch
all die höllischen Gewitter trug,
um weiter überleben zu können.
Ich möchte auch Deine Welt bereichern
mit all den Talenten und Erfahrungen,
die in mir versteckt wohnen
und die so gern einen Raum hätten in diesem Leben.

Bitte verzeih.

Ich komme von weit her
und wünsche mir so sehr
endlich ankommen zu dürfen.

Nicht verstehen, sondern einfach spüren

Ich kam in diese Welt,
in dieses Leben.
Sah die Erde mit ihren Menschen zuvor
aus dem Universum und
war verzaubert von allem.
Ich wollte dienen,
in tiefer Liebe,
voller Dankbarkeit und Freude
alles mit Euch teilen.
Da saß ich nun,
auf meiner Wiese des Lebens,
allein,
verlassen von meinen Eltern.

Warum sie gingen ohne mich?
Weil sie Angst hatten,
weil sie ihre Herzen verschlossen
vor dem Glück,
dem Frieden
und der Liebe
und vor allem vor sich selbst.
Sie wollten kämpfen,
bekämpfen,
verstehen,
suchten Beweise
und ihr Verstand begriff nie,
warum ich nichts in Frage stellte,
sondern einfach annahm und da war.
Trotz all dem Schmerz glücklich und
voller Frieden in mir,
geleitet von meiner großen Neugier

auf das Leben,
mit allem,
was dazu gehört.
Keine Beweise suchend,
kein verstehen wollen,
sondern einfach spüren,
fühlen,
mich fallen lassen
in allem,
dem ich begegnen darf.
So war ich allein,
einsam,
im Dunkeln,
doch die Flamme der Hoffnung
erlosch nie und leuchtete mir
immer wieder aufs Neue
meinen Weg ins Sonnenlicht.
Überall am Wegesrand sehe ich Euch Menschen,
so wundervoll,
so einzigartig und herrlich bunt.
Einige von Euch klatschen und jubeln
voller Begeisterung,
wenn ich an Euch winkend vorbeilaufe
auf meinem Lebensweg.
Einige von Euch zücken sofort ihre Waffen und
sammeln das Dunkle in sich,
weil sie selbst vergessen haben,
was das Licht und die Liebe ist.
Einige von Euch gehen vorsichtig
in den Kontakt mit mir
und genießen alles, was sie sehen, spüren,
bis,

ja, bis sie verstehen wollen,
anstatt zu spüren.
Dann verlassen auch sie mich,
schließen ihre Herzen aus Angst vor der Liebe
und vor sich selbst
wieder zu und suchen die Dunkelheit.
Auch sie verstehen nicht, dass ich einfach nur bin,
noch immer keine Beweise suchend,
meinem Herzen und somit der Liebe folgend,
ohne Bewertungen für gut oder schlecht,
sondern im Einklang mit allem.
Ich lasse alles los und
bleibe trotz der menschlichen Tränen
im Innern mit allem verbunden.

Ich höre ihre Fragen:

„Wie kann man so sein?
Woher will sie das wissen?
Wie kann man nur alles positiv sehen?
Was stimmt nicht mit ihr?
Wieso macht sie sich so angreifbar?.........",
während ihre Stimmen
langsam in der Ferne verstummen.
Um mich herum Stille, Frieden, Liebe, Leben,
hier und da kostbare Seelen in meiner Nähe,
die ähnlich klingen wie ich
und
die einzige Antwort,
auf all Eure Fragen:

„Nicht verstehen, sondern einfach spüren."

Auf der Suche nach meinem Zuhause

Überall lese und höre ich sie,
diese liebevollen Worte an den besonderen Feiertagen
an Mutter und Vater,
um sie zu ehren für ihr Sein,
um Danke zu sagen für all das,
was sie ihren Kindern so wunderbar geben.
Ich fühle mich glücklich für all diese Kinder,
dass sie auf unterschiedlichste Weise
ihr Zuhause erfahren,
Vertrauen und mütterliche sowie väterliche Kraft
im Rücken spüren,
dass sie im Sturm einen Ort haben,
wo sie beschützt und voller Liebe
tief Luft holen können,
um ihre Segel für ihr eigenes Leben auszurichten.

Und dennoch bin ich still an diesen Tagen,
finde keine Worte für meinen Schmerz,
für diese tiefe Sehnsucht nach meinem Zuhause,
wo auch ICH Kind bin und
mich an Mama und Papa anlehnen darf,
einfach so.

Ich wurde geboren als Kind,
wie jedes andere auch.
Wollte von Mama und Papa lernen,
erfahren,
als Kind mein Leben erleben.
Doch da war niemand in meinem Rücken,
denn sie hielten an ihrem eigenen Kind-Sein fest.
Ich spürte so viel Liebe und Licht in mir,

mit allem verbunden,
doch im Außen, alles dunkel,
voller Macht, Unterdrückung,
Missbrauch, Gewalt.
Ich kämpfte, schrie,
immer wieder und lauter,
bis ich schließlich aufgab und fortging.
Hilfe bekam ich nicht,
stattdessen taten alle so,
als hätten sie von nichts gewusst.

Ich fand ein neues Zuhause.
Es sollte doch anders sein,
doch auch hier fand ich nur
Demütigung,
Verachtung für meine Herkunft,
die andere als Rechtfertigung
für ihre Schläge nahmen.
Doch dieses Licht in mir,
diese tiefe Liebe,
diese Flamme,
sie war noch immer da
und verstand mal wieder nicht.

Dann kamen sie in mein Leben,
wollten mir etwas „Gutes" tun,
mich retten und
forderten täglich meine Dankbarkeit für all das ein.
Auch sie missbrauchten mich,
nicht meinen Körper,
doch ich erlebte,
dass seelischer Missbrauch ebenso verletzt,
wie all die unzähligen Alpträume früher

als kleines Kind.
Sie versuchten mich zu kontrollieren,
geilten sich an ihrer scheinbaren Macht über mich auf
und lachten mir höhnisch ins Gesicht,
weil ich eben aus der Gosse komme,
wo nur Versager geboren werden.
In den ersten Jahren erlebte ich,
was Hunger bedeutet.
Hier erlebte ich,
dass ich brav um Erlaubnis bitten muss,
bevor ich aus dem
prallgefüllten Obstkorb mir etwas nehmen darf,
da ich sie ohne diese Bitte bestehlen würde.
Sie bereicherten sich an mir,
emotional,
wie auch finanziell,
dabei schwammen sie in Gold.
Meine Eltern hatten
mit „meinem" Geld noch ihre Alkoholsucht bedient,
das konnte ich verstehen.
Doch diese hier nahmen bewusst,
ohne Not.
Stattdessen sollte ich froh sein,
dass sie mir ein Dach über den Kopf gaben.
Vor Gott zeigten sie stolz ihren Heiligenschein
und blendeten alle im Außen,
die kräftig Beifall klatschten.
Doch diese Flamme in mir,
sie erlosch auch dort nicht.
Nein,
ich ließ sie wachsen,
jetzt erst recht
und zeigte

mit einem herausfordernden Lächeln
auf ihre Schatten und meine Kraft,
trotz allem.
Wieder ging ich fort und akzeptierte,
dass auch dort kein Zuhause für mich war.
Viele weitere Jahre suchte ich vergeblich,
machte mich klein,
ließ mich weiter demütigen und bediente mein Ego,
dass stets schrie:
"Zu mehr bist Du nicht zu gebrauchen!".

Doch diese Flamme in mir überhörte das
und wuchs weiter,
wurde größer und größer,
bis SIE in mein Leben trat.
Auf den ersten Blick für viele so unvollkommen,
doch für mich zu jeder Zeit perfekt.
Ein weiteres Mal überschütteten andere
mich mit Schuld,
Versagen, Demütigungen, Verachtung,
doch ich blieb bei mir in meiner Flamme,
in der diese wundervolle Seele jetzt
ihr Zuhause findet.
Hier war ein Raum entstanden
voller bedingungsloser Liebe,
Vertrauen, Schutz, gleichwertiger Annahme
und Achtung.
Hier war ich glücklich die Große und Starke
und erlebe bis heute eine Verbindung,
für die es keine Worte gibt.

Die Kleine in mir sehnt sich
noch immer nach diesem Ort,

wo sie selbst klein sein darf,
sich anlehnen kann zum Durchatmen.
Ja, ich weiß, ich kann ihn mir selbst geben,
das tue ich auch unaufhörlich,
doch als Mensch bleibt dieser Platz leer...

Trotz allem bin ich unendlich stolz auf mich,
dass ich meiner Tochter
ihr Zuhause schenken kann,
in dem bedingungslose Liebe
selbstverständlich ist
und sie ihr Leben frei wählen kann.
Auf der Suche nach meinem Zuhause
fand ich mich,
fand ich Dich mein Kind
und ich fand die Liebe,
die als Flamme schon immer in mir lebte,
doch im Außen nie sein durfte.
Doch sie lebt dennoch,
jetzt erst recht
und wird größer und größer.
Jeder, der mir begegnet im Leben,
kann dies spüren.
Diese Menschen haben die Wahl.
Erschreckt sie all das und sie beginnen,
sich mit mir zu messen,
werden sie mir nie wirklich begegnen.
Sehen sie mit den Augen der tiefen Liebe
und der Gleichwertigkeit
von uns allen,
sind sie auf ewig mit mir verbunden.

Ist das nicht auch ein „Zuhause"?

Einfach nur Sein

So viele Menschen fragen:
„Wer bin ich eigentlich?
Was ist meine Berufung in diesem Leben?
Für welche Aufgabe wurde ich ausgewählt?
Wie kann ich diese Welt retten
und zu einem besseren Ort machen?"

Geliebte Seele,
wenn ich Dich anschaue,
sehe ich ein unendliches Meer
an Liebe und Licht,
herrliche Menschlichkeit
mit all ihren Facetten,
die es,
so wie Du bist,
kein zweites Mal auf dieser Erde gibt.
Du trägst wunderschöne Lebenserfahrungen in Dir,
die wie eine magische Melodie
meine Sinne erreichen und
mich in ein tiefes Gefühl von
Demut, Achtung,
unendlicher Liebe und Glück trägt.
Staunend stehe ich hier vor Dir
und bewundere Dein Wesen,
schließe Dich in meine schützenden Arme,
während mich Deine Fragen erreichen.

Geliebte Seele,
ich antworte Dir in tiefer Dankbarkeit für Dein Sein:
Du bist Du, in dieser wundervollen
Einzigartigkeit, an der sich

meine Augen nicht satt sehen können.
Lebe und liebe alles,
was Dein Herz zum Klingen bringt
und was Dich in Deinem Sein ausmacht.
Deine ganz individuellen Lebenserfahrungen
werden dabei
einen Klang und Farben entstehen lassen,
wie Du sie kein zweites Mal auf Erden findest.
Deine Dir geschenkte Lebensaufgabe ist es,
stets einfach nur DU selbst zu sein und
Dich anzunehmen und zu lieben,
mit all Deinen Schatten
und Deinem Licht.
Beide brauchen einander,
um in Dir zu wachsen,
sich zu entwickeln
und Dir zu dienen
zu Deinem eigenen höchsten Wohl.
Du rettest diese Welt,
in dem Du Dir all das vergibst,
was Du als menschliche Fehler bezeichnest
und erkennst,
dass alles in Dir Liebe ist.
Du rettest diese Welt,
in dem Du Dir Liebe,
Mut,
Hoffnung,
Glaube
und Frieden schenkst,
um Dich selbst zu retten.
Du machst diese Welt zu einem besseren Ort,
in dem Du Dich annimmst,
wie Du bist,

Dein Ego ebenso
als Deinen Freund akzeptierst,
wie auch Deine Herzensfreude.
Dieser bessere Ort ist in Dir.
Dieser Friede ist in Dir.
Diese Herzenswärme und Güte ist in Dir.
Diese tiefe bedingungslose Liebe ist in Dir.
Öffne Deine innere Tür für all das,
trete ein in Deinen Herzensraum
und erkenne,
alles ist hier,
weil Du bist.

Geliebte Seele,
kann es eine schönere Lebensaufgabe geben
als einfach nur zu Sein?

In tiefer Liebe zu jedem einzelnen Menschen
auf dieser Erde.

Selbstliebe

Hast Du Dir selbst heute schon
etwas Liebevolles gesagt?
Welche liebevollen Worte schenkst Du Dir heute?
Kennen wir das nicht alle?
Täglich schenken wir anderen
unsere volle Aufmerksamkeit,
machen Mut, spenden Trost,
hier und da
ein mitfühlender Händedruck.
Wir beglückwünschen
und jubeln
für unsere Mitmenschen,
teilen unsere Begeisterung mit ihnen
für ihre Gaben und Talente
und lassen die Sonne für andere
durch unser ehrliches herzliches Lachen scheinen.
Wie wäre es,
wenn Du auch Dir
all das jeden Tag selbst schenkst?
Wann hast Du DICH das letzte Mal selbst gelobt?
Wo hast Du DIR das letzte Mal
voller Stolz selbst auf die Schulter geklopft,
weil Du etwas geschafft hast,
trotz aller Umstände?
Wann hast Du DICH das letzte Mal
selbst begeistert in die Arme genommen
und Dich beglückwünscht
für all Deine Talente?
Wann hast Du Dein Mitgefühl
mit DIR selbst geteilt,
vielleicht in Momenten,

wo Du Dich schwach fühltest,
aber trotz aller Umstände
gestärkt hervorgegangen bist?
Worauf bist Du für DICH stolz?
Wann warst Du das letzte Mal für DICH da?
Was macht DICH aus,
womit DU diese Welt bereicherst?
Wie lang ist es her,
dass Dein ehrliches liebevolles Lächeln
für DICH die Sonne hat scheinen lassen?
Begebe Dich doch einfach mal
auf die tägliche Reise zu Dir selbst
und erlebe,
was mit Dir,
in Deinem Innern
und in der Betrachtung zu Dir selbst passiert.
Dafür brauchst Du keine Stunden oder freie Termine,
denn die Begegnungen mit Dir selbst
entstehen sofort,
in jeder Sekunde.

Wage, spüre, erlebe, genieße...

Seelenheil

Nun war ich hier,
in dieser wunderschönen Gegend,
um aufzutanken.
Es war mein erster Besuch
und doch war mir hier vieles so vertraut.
Jeden Tag fuhr ich vorbei
an Wiesen und Wälder.
Jeden Tag wurden meine Sinne magisch angezogen
von diesen einen besonderen Ort,
dort vor dem Wald auf dem Hügel.
Ich spürte, dass ich gerufen wurde,
doch war ich noch nicht bereit
für eine Begegnung.
Dann kam der Tag,
der Moment,
die Sekunde, in der ich wusste:

„Jetzt,
ja, jetzt ist der richtige Moment gekommen."

So kam ich ihm näher, diesem Ort
und in meinem Innern konnte ich sie hören,
die Stimmen, die nach mir riefen.
Ganz langsam schaute ich auf das Schild am Eingang,
auf dem die Funktion dieses Hügels
mit seinem unterirdischen Raum
und Belüftungsabzügen stand.
Ich wusste und spürte sofort,
dass hier mehr war,
viel mehr…

Während ich tief atmete und mich
mit allen Himmelsrichtungen verband,
stieg ich hoch, hinter den Hügel.
Abrupt blieb ich stehen.
Meine Beine waren starr vor Schmerz,
der auf eine Art und Weise
durch meinen Unterleib zog,
als würde mich etwas von unten aushöhlen.
Die Bilder durchfluteten meinen Kopf,
der Schmerz übernahm jede Zelle meines Körpers,
während ich heftig schluchzend nach Atem zog.
Mein Körper krümmte sich und
wurde unter Tränen geschüttelt,
während ich sie und ihn hörte.
Als ich glaubte, meine Beine tragen mich nicht mehr,
erinnerte ich mich.

Es war lange her,
als ich bewusst in eine ähnliche Situation reiste,
um etwas Vergangenes zu heilen.
Mein Herz zeigte mir all das jetzt wieder und sagte:
„Erinnere Dich, Du weißt, was zu tun ist…"

Während mein Kopf sich ergab,
breitete ich meine Flügel aus.
Ich stand inmitten meiner Lichtsäule
und alle nötigen Begleiter standen so nah neben mir,
dass ich ihr Licht und ihre Nähe
wie eine liebevolle Umarmung
auf meiner Haut spürte.
Alles war erfüllt von Liebe und
meine Tränen wandelten sich in Tropfen der Heilung
und der ewigen Liebe.

Jetzt sah ich sie klarer,
wie sie dort hilflos und verängstigt am Boden lag,
das Licht suchend und doch nicht
die Erlösung findend.
Während mein Licht und die Liebe sich ausbreiteten
und ihr damit den Weg ihres Übergangs wiesen,
zog er sich zurück, ihr Peiniger.
Voller Angst schaute er mich an,
konnte ich doch nur seine Augen erkennen.
Ich schwieg, hielt seinem Blick stand,
während sie in ihr Licht ging,
um endlich Frieden zu finden.
Dann zog ich mich zurück,
ließ ihn dort,
war dieser Ort doch seine Zuflucht
vor der eigenen Dunkelheit.

Und während ich spürte,
dass sie angekommen war an ihrem Ziel,
stieg ich wieder hinab von dem Hügel,
der jetzt friedlich ruhte im Schutze
der vier Himmelsrichtungen
und der heilenden Liebe,
die jetzt hier wachte.

Liebe Seele,
die Du jetzt in Deinem Licht bist.
Ich danke Dir für Dein Rufen.
Ich danke Dir für alles,
was ich durch Dich
und in mir erleben durfte für Dich.
Genieße Dein Licht, die Liebe,
die Leichtigkeit in Deinen Flügeln,

die Dich in alle endlosen Sphären tragen,
nach denen Du Dich so sehr sehntest.
Jetzt bist Du frei.

Einen Tag später fuhr ich wieder vorbei
an diesem Hügel.
Ich warf nur einen kurzen Blick darauf
und sah ihn wieder.
Ich spürte,
dass er sich für sein Schicksal entschieden hatte,
dies bewusst wählte,
dort in der Dunkelheit zu verweilen,
um seine Vergebung und seinen Frieden
mit sich selbst zu finden,
vielleicht,
eines Tages.

Und ich spürte, dass alles sicher war,
die Welt vor ihm und er vor der Welt.
So sollte es sein,
dafür hatte er mich gerufen dieser Ort
dort auf dem Hügel,
wo jetzt die Stille und Kühle des Waldes herrscht,
während sich die Sonne durch die Äste
ihren Weg bahnt.

Seelenheil,
in ihr,
ihn ihm,
an diesem Ort
und in mir.

Unsichtbare Flügel

Manchmal gewinnst Du
und spürst erst später,
dass Du verloren hast.
Manchmal verlierst Du
und erkennst erst später,
dass dahinter ein Sieg verborgen war.
Wir leben unser Leben vorwärts
und verstehen es rückwärts.
Das, was einst war,
hat Dich zu dem gemacht,
der Du heute bist.
Das, was einst sein wird,
braucht Deine Erinnerungen
und Erfahrungen von damals,
damit Du heute in Deine Zukunft gehst.
All das verbindet uns Menschen
in unserer Einzigartigkeit
und verleiht uns
zum rechten Zeitpunkt Flügel,
um die scheinbaren Hürden zu überwinden,
die uns unser wunderbares Licht
im Innern bewusstmachen.

Lass uns wie eine Hummel sein

Eigentlich ist die Hummel zu schwer,
um zu fliegen.
Wenn Du ihr dies sagst
und sie zu zweifeln begänne,
würde sie wohl direkt zu Boden stürzen.
Doch weil sie glaubt
und vertraut
und es ihr egal ist,
was Du ihr sagst,
fliegt sie fröhlich summend weiter
durch ihr Leben.
Magst Du mit mir,
wie die Hummel,
fröhlich summend
durch das Leben fliegen?

Ausbruch

In dem Moment,
wo Du ausbrichst
aus Deinem von Dir erschaffenen Gefängnis,
beginnst Du zu leben.
Jede Sekunde ist genau der richtige Moment,
die Tür zu öffnen und hinaus zu fliegen.

Seelenvertrag

Und plötzlich höre ich Dein Rufen.
Klar und deutlich bahnt sich Deine Stimme
den Weg zu meiner Seele.
Auch wenn wir uns im Leben kaum kannten,
Du im direkten Kontakt eher
die Ferne zu mir suchtest,
bist Du jetzt
ganz nah,
bei mir.
Hast mich bewusst ausgewählt
für Deinen letzten Weg als Mensch.
Ich spüre Dich,
alles, was Dich ausmacht,
was in Dir lebt,
all Deine Schatten und
all Dein Licht.
Ohne es wirklich zu steuern bin ich
voll und ganz an Deiner Seite.

Und in dem Moment,
wo Dein menschlicher Teil
das irdische Leben verlässt,
sende ich Dir all meine Liebe und mein Licht.
Verschwunden sind alle Deine Ängste
vor dem Tod,
vor der Sterblichkeit.

Jetzt lebt hier nur noch Licht,
Liebe und
tiefer Frieden,
in dem Wissen,

dass Dein Licht und Deine Seele
unsterblich ist.
Mit einem wissenden Lächeln verabschieden wir uns
und nehmen die Stille in uns auf.

Heute,
einige Zeit später erkenne,
verstehe ich.
Du wusstest,
dass ich ihre Erinnerung an Dich bin.
Ihre Erinnerung an Eure tiefe Liebe,
an ihre Kraft und
das unendliche Vertrauen darin,
all die menschlichen Herausforderungen
meistern zu können,
welche jetzt für sie bereitstehen.
Du wusstest und weißt,
dass ich sie durch mein Dasein spüren lassen darf,
dass Du immer bei ihr bist.
Durch mich sprichst und lebst Du weiterhin,
wie auf so viele wundervolle weitere Arten.
Du wusstest und weißt,
dass sie meinen Worten lauscht,
weil ich ihr ihren nötigen Raum schenke.
Weil das Vertrauen und
die tiefe Freundschaft zwischen uns
grenzenlos ist und wir uns
beide bedingungslos achten und schätzen.
Weil wir einfach sind und
so einander dienen.

Liebe Seele,
die Du aus dem irdischen Leben gegangen bist,

ich danke Dir aus der Tiefe meines Herzens
für Deine innere Bitte an mich,
welche Du in Deinem letzten menschlichen Moment
an mich gesandt hast.
Mit all meinen Sinnen schenke ich Dir meine Stimme
an sie für die Zeit,
die sie benötigt,
bis sie Dich in sich selbst klar und deutlich
spüren kann.
Mit all meinen Sinnen sende ich
all die nötige Kraft, den Mut und die Liebe
zu ihr und Deinem Stern,
der jetzt unter ihrem liebevollen
und umsorgenden Schutz weiterwachsen
und gedeihen darf im Leben.

Tief bewegt verneige ich mich vor Dir
und unserem inneren Seelenvertrag miteinander,
der seine Wurzeln in der bedingungslosen Liebe
zu ihr, ihrer Familie und unserem Lichte trägt.

Erkenne Dich in allem

Wenn Du erkennst,
dass Deine Schatten Dir Dein Licht zeigen,
Deine Schwächen Dir Deine Stärken sichtbar machen
und
Dein Schmerz Dich zu Deiner Liebe führt,
spürst Du Dein Gleichgewicht und
Deinen Frieden mit allem.
Dann wirst Du getragen
von den Erfahrungen Deiner Ahnen,
welche sich auf wundervolle Weise
mit Deiner Einzigartigkeit verbinden.
Dann spürst Du den höheren Plan in allem,
den Dein Kopf vielleicht nicht immer versteht,
Dein Herz aber schon immer kannte.

Beziehungsgeheimnis

Das Geheimnis einer langjährigen stabilen Beziehung
ist es zu akzeptieren,
dass auch die Liebe
warme und kältere Jahreszeiten durchlebt,
dass es Tag und Nacht gibt,
leichte und schwere Zeiten herrschen
und
man dennoch in allem
nie die Hand des anderen verliert.

Angekommen

Ich danke Dir für Deine Liebe,
für Deinen Schutz
und Deinen zärtlichen Blick.

Ich danke Dir für Deine Geduld,
Deine Aufmerksamkeit
und dafür,
wie sanft Du mit mir umgehst.

Durch Deine Liebe und Deine Geduld
kann ich Sehnsucht
nun freudig und liebevoll erfahren.

Keine Schwere mehr,
keine Einsamkeit mehr,
keine herzzerreißenden Träume mehr.

Nur noch Liebe,
Leichtigkeit und Glück.

Du bist immer da,
machst mein Herz auf und weit,
bist dort mit so viel Zärtlichkeit eingezogen.

Bin mit Dir in meinem Herzen zu Hause,
bei mir angekommen,
egal, wie viele KM zwischen uns liegen.

Ich lass mich vertrauensvoll
in Deine Arme fallen,
versinke in Dir und in Deinen Augen,

ohne Angst,
mich darin zu verlieren.

Stattdessen fühle ich Leben,
Liebe,
Glück,
Dich,
mich,
unser WIR.

Ich danke Dir dafür.
Mit Dir bin ich daheim...

Ohne Kontrolle

Wenn Du die Kontrolle aufgibst,
wirst Du erleben,
dass es nichts gibt,
was kontrolliert werden muss.
Alles ist sicher,
alles ist da,
genau so,
wie Du es ersehnst.
Dann ist Dein Weg geöffnet und frei.

Wo ist Deine Liebe hin?

Wenn ich durch mein Leben laufe,
sehe ich sie überall.
Die Menschen, die richten,
verurteilen, verletzten, zerstören,
ihre unbändige Gier nach Macht nähren.
Verstecken, damit andere ihnen nichts nehmen,
was sie sich doch ganz allein erschaffen haben.

Still frage ich sie: Wo ist Deine Liebe hin?

Sie leuchten nicht,
nicht auf den ersten Blick,
auch wenn oftmals von ihnen
eine Art lichtvolle Anziehung ausgeht.
Sie nähren sich vom Lichte anderer,
um damit ihre Gier
und ihre Schatten am Leben zu halten.
Sie sprechen vom Frieden
und bekämpfen ihn.
Sie reden von Menschlichkeit
und schauen auf andere herab.
Sie fordern Verantwortung
und zeigen stets mit dem Finger auf andere,
während ihre wohlgemeinten hässlichen Worte
ihre Münder verlassen.

Still frage ich sie: Wo ist Deine Liebe hin?

Manchmal bleibe ich innerlich stehen,
um ihr Schicksal
und ihre Aufgabe darin zu erkennen.

Ja,
auch sie wurden gerichtet,
verletzt,
verurteilt,
missbraucht,
erlagen der Machtlosigkeit
und Liebe wurde als Waffe gelehrt,
um sich selbst zu retten und zu nähren.

Still frage ich sie: Wo ist Deine Liebe hin?

Und manchmal weine ich für sie
aus tiefstem Mitgefühl für sie und ihre Schatten,
für den Weg,
den sie gehen,
während sie sich weigern,
all die wundervollen Dinge zu sehen
in ihrem Leben und in ihnen selbst,
wonach sie sich doch so sehr sehnen.

Still frage ich sie: Wo ist Deine Liebe hin?

Manchmal zucken sie
vor Schreck unsichtbar zusammen,
weil sie meine stille Frage hören.
In ihrem Blick, der auf mich fällt,
sehe ich Angst,
abgrundtiefe Angst,
vor mir,
vor den Menschen,
vor der Liebe
und vor sich selbst.
In ihren Augen

blitzt das menschliche Schuldgefühl
und die Scham
über ihre ausgesprochenen Lügen und Taten,
während sie erkennen,
dass ich die Wahrheit sehe ohne zu richten.

Still frage ich sie: Wo ist Deine Liebe hin?

Und manchmal antworten sie mir still,
ohne dass sie davon wissen:

„Vertraust Du auf andere,
bist Du verloren.
Lieber erhalte und bereichere ich mich selbst,
als zu teilen mit all jenen,
die mich nur ausbeuten wollen.
Mir hat auch niemand geholfen,
alles musste ich allein schaffen.
Sollen es doch die wieder grade rücken,
die es verursacht haben.
Ich sorge mich nur um mich und nehme mir,
was mir zusteht."

Still frage ich sie: Wo ist Deine Liebe hin?

Während ihre stillen Worte mich erreichen,
sehe ich es,
ihr Licht, ihre Quelle, ihr Leuchten,
welches sich
durch das dunkle Labyrinth in ihrem Innern
einen Weg zu mir bahnt,
als würde es mir unbedingt zeigen wollen,
dass es trotz allem noch lebendig ist.

In tiefer Liebe
verbinden sich unsere unsichtbaren Lichter
und lauschen der Hoffnung im Innern für all jene,
die sich verloren glauben in der Welt.
In tiefer Dankbarkeit zueinander
füllen wir gemeinsam
Ihren verborgenen Seelenraum auf mit Zuversicht,
Glaube und Vertrauen in sich selbst,
weil sie ohne ihr Wissen
mich genau darum gebeten haben
in genau diesem Moment.

Und wenn diese Pflanze der Liebe
sich in ihnen regeneriert hat
und wieder bereit ist,
allein weiter zu wachsen,
verabschieden wir uns.
Wir lassen einander los
in dem tiefen Wissen,
dass der Mensch weiterhin
frei seinen Weg wählen darf
und das genau zur rechten Zeit wieder
ein unbemerktes Auftanken ermöglicht wird,
damit die Hoffnung,
der Frieden
und die Liebe im anderen
niemals erlischt.

Still sage ich: Dort ist Deine Liebe hin.

Ohne Maske

Stück für Stück lege ich alle meine Masken ab.
Wenn alles fällt,
spüren wir,
wie viel Kraft wir brauchten für das Verstecken.
In dem Moment,
wo wir einfach sind,
ist diese Energie wieder frei
in unseren Händen und unseren Herzen.
Habt alle den Mut
in Eurem Tempo.
Ihr könnt nur gewinnen
für Euch.

Manchmal

Und manchmal schaust Du zurück und spürst
all die ungeweinten Tränen von damals.
Nicht,
weil es noch immer weh tut,
sondern weil Du nochmals nachspüren kannst,
wie viel Kraft Dich Dein bisheriger Weg gekostet hat.

Vergangenheit, Gegenwart, Zukunft

Manchmal blicke ich zurück
auf meine Vergangenheit,
weil sie ein Teil von mir ist
und genauso wertvoll,
wie die Gegenwart
und die Zukunft.
Durch diese Vergangenheit
verstehe ich heute
und gehe für morgen weiter,
um mich zu leben
und immer wieder aufs Neue
zu entdecken.

Narben

Wenn Du auf mein Herz schaust,
wirst Du viele Narben entdecken.
Jede Narbe steht für den Schmerz,
den ich erlebt und zugelassen habe.
Du fragst,
warum ich mich nicht besser schütze?
Ich sage,
nur wer den Schmerz zulässt,
liebt auch voll und ganz.

Macht

Gebe einem Menschen Macht und erkenne
wie sehr dieser wirklich
im liebevollen und friedvollen Gleichgewicht
mit sich selbst,
den Menschen
und Mutter Natur ist.
Denn,
nur wer Macht aus einem ehrlichen Herzen,
selbstlos
und im tiefen Bewusstsein
seiner Verantwortung einsetzt,
lebt die wahre bedingungslose Liebe
mit allem, was er im Innern und Außen ist.

Meine eigene Wahrheit

Wenn ich etwas hinterfrage,
bedeutet das nicht,
dass ich es ablehne.
Es ist lediglich ein Zeichen dafür,
dass ich auf dem Weg bin,
meine eigene Wahrheit zu finden.

Und manchmal...

Und manchmal,
scheinen sie mir zu groß,
die Schuhe,
die ich einst selbst wählte
für mein jetziges Leben.

Damals,
voller Glaube und Hoffnung,
trat ich vor ihn,
unseren Schöpfer
und bat darum,
auf Erden leben zu dürfen.
Nicht nur für mich selbst,
sondern aus tiefster Liebe
zu Mutter Erde
und allen Menschen,
die auf ihr wohnen.

Ich sah voller Faszination von dort oben,
was hier alles möglich war:

so viel Leben,
so viel Glück,
so viel wundervolle Menschlichkeit,
so unendlich viel Liebe.
Erfreute mich an den kleinen Sternen,
die mir hier und da zuwinkten
und
erschrak,
als ich erkannte,
wie viele den Glauben,

die Hoffnung
und die Liebe
zu sich selbst verloren hatten.
Sie waren so dunkel,
eingemauert,
einsam,
verhärmt,
dass ich ihnen Wärme
und Liebe spenden wollte.
Stets wollte ich erinnern,
an all das,
was in jedem einzelnen ist,
so wunderbar
rein und kostbar.

Ich verstand nicht,
warum sie mich bekämpften,
brachte ich ihnen doch
als bedingungsloses Geschenk all das,
wonach sie so laut schrien.
Unter Tränen schaute ich auf meine Schuhe,
die viel zu groß schienen,
zu riesig,
doch ich wollte hineinwachsen,
Stück für Stück.
Dies war mein Wunsch gewesen
für dieses Leben
und so lebte und diente ich weiter
voller Liebe zu allem.

Und manchmal,
scheinen sie mir zu groß,
die Schuhe,

die ich einst selbst wählte
für mein jetziges Leben.

Ich sehe in die Welt,
in der die Dunkelheit
sich hämisch lachend ausbreiten will,
mit all ihren Facetten.
Zu viele Menschen applaudieren dem Ego,
bekämpfen,
richten,
ergötzen sich an der scheinbaren Macht
und spüren dabei nicht,
wie sehr sie sich selbst verraten
und das nähren,
was ihnen all das nimmt,
wonach sie sich so sehr sehnen.

Und während ihre Verachtung
und ihre Aggression
wie eine Lawine über mich hinweg rollt,
halte ich all jene an den Händen,
die ähnlich wie ich schwingen.

All jene,
welche die Welt ebenso voller Liebe und Faszination
sehen.

All jene,
die wie ich, manchmal wanken in ihrem Glauben
und der Hoffnung,
dass die Menschen erkennen.

All jene,
die im Stillen mit mir weinen über das,
was der Mensch verlangt
und doch selbst zerstört.

All jene,
die trotz allem
diese kleine Flamme in sich tragen,
die uns gemeinsam stärkt,
auch weiterhin all das zu leben,
was wir alle sind.

All jene,
die manchmal auf ihre
scheinbar zu großen Schuhe schauen,
obwohl sie diese einst selbst wählten.

All jene,
die auch weiterhin die Liebe
und das Licht leben,
einfach still ausharren,
wenn die Dunkelheit hervortritt.

All jene,
die sich nicht wehren,
sondern einfach Seite an Seite mit mir sind.

All jene,
die mich an Tagen wie diesen
daran erinnern,
dass die Schuhe,
die ich einst wählte,
nicht zu groß sind,

denn wir wachsen
Stück für Stück gemeinsam hinein.

So dienen wir uns selbst
und dem Leben.
So erinnern wir uns selbst
und Dich an das,
was wir alle sind.
So heilen wir uns selbst
und lassen
Friede,
Menschlichkeit
und Liebe wachsen,
in uns,
in Dir
und in allem,
was ist.

Und heute scheinen meine Schuhe,
nicht mehr zu groß,
denn genau so wählte ich es einst
aus Glaube,
Hoffnung
und Liebe
an mich
und den Menschen.

Die Liebe siegt

Wenn Du innerlich sehr verletzbar bist,
bedeutet das nicht,
dass Du ZU sensibel bist.
Für mich ist es ein Zeichen
Deines großen Herzens
und
Deiner Liebe zu den Menschen
und zu Mutter Erde.
Diesen Menschen wünsche ich zu
jeder Zeit den Mut,
trotz der Narben auf ihren Seelen,
das Auge für die Liebe
und das Gute
nie zu verlieren,
denn am Schluss
siegt immer die Liebe.

Reiß die Mauern ein

Je mehr Du es wagst
die Mauern um Dein Herzen einzureißen,
desto mehr öffnest Du Dich
der Liebe und Deinem Glück.

Himmlische Zufälle

Manchmal scheint das Leben
seltsame Wege zu gehen.
Und doch ist jeder „Zufall"
ein Geschenk des Himmels,
der es Dir ermöglicht,
alles,
was zu Dir gehört,
zu leben,
anzunehmen
und zu lieben.
Das ist der Moment,
wo Du Dein Herz
wieder ein Stück zu Dir
nach Hause holst,
in tiefer Dankbarkeit
für alles,
was war,
ist
und
immer sein wird.

Lausche hinter Deinem Rücken

Wie ehrlich es ein Mensch mit Dir meint
erfährst Du oftmals erst dann,
wenn Du seinen Worten
hinter Deinem Rücken lauschst.
Diejenigen,
die wirklich Herz
und Achtung zeigen,
lasse beruhigt in Dein Leben.
Alle anderen lasse los,
damit sie sich
eine andere „Spielwiese"
ihrer Lügen suchen.

Entgegengesetzt

Wer im Regen tanzt
und ihn genießt,
wer entgegengesetzte Wege geht,
hat verstanden,
dass das Leben eine
wunderbare Herausforderung
und ein Abenteuer ist.

Herzverbindungen

Es gibt Menschen in Deinem Leben,
denen musst Du nicht erzählen,
was Du fühlst.
Vielleicht bist Du ihnen
im wahren Leben
noch nie begegnet,
vielleicht siehst Du sie
nur sehr selten
und doch
wissen sie alles von Dir.
Sie kennen Dein Lachen,
sie hören Deine Rufe
und
sie spüren Deine Tränen,
ohne dass Du etwas sagst,
weil sie im Herzen
mit Dir verbunden sind.

Herzverstand

Manches müssen wir nicht
mit dem Kopf verstehen.
Es reicht vollkommen aus,
dass wir es
mit dem Herzen fühlen.

Bis Du nichts mehr vermisst

Standst so lang allein,
ausgeliefert,
verdammt zum Schweigen.
Durftest nie Kind sein,
ohne jegliche Chance
auch mal klein zu sein.

Doch Dich trifft keine Schuld,
konntest Dich nicht wehren,
hattest nie eine Wahl.
Hast lautlos nur geschrien,
doch niemand hat`s gehört,
in Dir nur Qual.

Doch
nun bin ich hier
und ich geh nie wieder weg.
Schenk mir Deine Tränen
und ich zieh Dich aus dem Dreck.
Ich lehre Dich das Lachen
und füll Dein Herz mit Liebe.
Ich schenk Dir Vertrauen
und Sicherheit,
denn darauf kannst Du bauen.

Mein liebevolles Gotteskind,
geplant
und absolut gewollt,
steh ich nun hier
und warte auf Dich,
wann immer Du mich brauchst.

Damit Du die Sterne wiedersiehst
und Leben Dich durchströmt.
Bis es nicht mehr so schmerzhaft ist
und Du nichts mehr
in Dir verpönst.

Und dann reisen wir
gemeinsam durch die Welt,
durch Länder
und grüne Wälder.
Bis zum Himmel hinauf
und wieder zurück,
mal langsam
und auch mal schneller.

Bis Du Dich wieder fühlen kannst,
mit allem was Du bist.
Dich vertrauensvoll in meine Arme legst
und weißt,
dass Du nichts mehr vermisst,
nichts mehr vermisst.

Alles ist in Dir

Alles,
was wir ersehnen
für unsere eigene Heilung,
für unseren Frieden
und
der tiefen Liebe zu uns,
steckt in uns selbst.
Wir benötigen
keine Lehrer und Meister,
die uns führen.
Wir benötigen Menschen,
die uns
hin und wieder
nur durch ihr Dasein
an uns selbst
und unsere eigene tiefe Quelle
erinnern.

Herzensfreude

Und manchmal weinst Du Tränen,
weil Dein Herz überläuft
vor Liebe,
Freude
und Glück.

Vorbilder

Nein,
mit den Großen
rede ich nicht mehr.
Sei ehrlich
haben sie gesagt.
Halte Dich an die Regeln
haben sie gesagt.
Sei nett und freundlich
zu anderen Menschen
haben sie gesagt.
Man tut anderen nicht extra weh
haben sie gesagt.
Teile das,
was Du hast
mit anderen
haben sie gesagt.
Zeige nicht mit dem Finger
auf andere
haben sie gesagt.
Hilf den Schwächeren
und denen,
die allein gegen alle stehen
haben sie gesagt.

Und dann habe ich sie beobachtet...

Du bist wundervoll

Alles beginnt in uns,
alles ist in uns,
was wir
im Außen suchen.
Sei nicht traurig
oder wütend auf Dich,
wenn Du manches
noch nicht annehmen
oder spüren kannst.
Auch der Weg zu Dir selbst
ist einzigartig
und
fördert Dich
zu jeder Zeit
in Deiner eigenen Entwicklung.
Ich wünsche Dir,
dass Du alles
in und an Dir
lieben kannst,
denn
so bist Du gewollt
und wundervoll.

Musikalische Begegnung

Und manchmal
ist es ein Lied,
genau im richtigen Moment,
um einen Menschen
mit all seiner Liebe
in einer inneren Umarmung
zu fühlen,
was zuvor
nicht möglich war.

Liebe und Schutz

Ich spüre,
dass Du im Moment
Dein Herz
nicht fühlen kannst,
weil Dich noch
frühere Erlebnisse quälen.
Ich hebe es
in tiefer Liebe zu Dir auf,
bis zu dem Tag,
an dem Du es zurücknehmen kannst
und wieder spürst,
wie wundervoll Du bist.

Nur so

Es gibt für mich
nur diesen einen Weg,
auf dem ich
der Wahrheit meines Herzens folge.
Manchmal ist das mit Schmerz
und Tränen verbunden,
manchmal geht es spielerisch und freudig leicht.
Und doch ist es immer
ein Weg voller Liebe,
Frieden
und Einklang
mit mir selbst.

Auferstehen

In Deinem scheinbar größten Niedergang
liegt Deine tiefste Heilung verborgen.
Wage es,
spüre hin,
lasse zu,
gib Dich hin
und
Du wirst klarer
und kraftvoller auferstehen,
als Du es je geahnt hast.

Lebensdank

Ich danke dem Leben
und allen Menschen darin,
durch die ich lernen darf.
Lebenserfahrungen und Geschehnisse
machen uns
menschlich glücklich,
heiter,
leicht,
liebend
und manchmal
auch betroffen,
traurig,
wütend
oder sprachlos.

Ich erlaube mir,
alles zu fühlen,
anzunehmen und anzuschauen.
Dadurch lerne ich mich selbst
immer besser kennen,
reise weiter zu mir,
dort,
wo meine Seele zu Hause ist.
Ich erkenne das tiefe Geschenk darin,
welches für das menschliche Auge
oft nicht sofort sichtbar ist.

Mein Herz unterstützt mich mit allem,
was nötig ist,
um in meine Verantwortung zu gehen
und mir selbst zu vergeben.

Ich nehme an
und lasse los.
Alles ist getragen von Liebe und Frieden,
eingebettet in dem höheren Plan,
den meine Seele längst kennt.

Ich bin voller Dankbarkeit für alle,
durch die ich mich so selbst
immer mehr begreifen
und spüren kann.
Ich lausche der Stille in mir,
die ihre eigene Melodie trägt
und betrete intensiver,
wahrhaftiger
und authentischer als zuvor
mein eigenes Licht.
Ich lasse es fließen
in alle Poren und Ebenen
und bin im Sein,
in meinem ICH BIN.

Ich verneige mich
vor meinem menschlichen Mut,
all das bedingungslos anzunehmen
und gehe freudig
in mein Leben.

Traurig

Es macht mich traurig,
wenn Menschen
immer wieder
den Kampf mit mir suchen,
weil sie für sich selbst
ihren Frieden nicht finden.
Dabei übersehen einige,
dass sie dabei sogar bereit sind,
ganz wertvolle
und liebevolle Dinge
zu bekämpfen
und zu zerstören.
Auch,
wenn ich weiß,
dass dies nichts mit mir als Person zu tun hat,
triffst mich so etwas immer
bis ins Herz.

Schwäche ist Stärke

Warum glaubst Du,
dass Deine menschlichen Fehler
Deine Schwächen sind?
Entstehen nicht in unseren
„schwächsten Momenten"
die wundervollsten und größten Dinge
in unserem Leben?

Liebe ist

Liebe ist,
wenn die Zeit stehen bleibt
und Nähe
in tiefer Liebe zueinander lebt;
Schweigen und Stille verbindet,
weil wir
unsere Herzen sprechen lassen
und uns fallen lassen miteinander;
wo Unsicherheit keinen Raum mehr hat,
weil wir
keine Beweise brauchen,
sondern einfach wissen;
wo weltliche Geschenke überflüssig sind,
weil wir unser Wir
als höchstes Geschenk wahrnehmen.

Ich sehe Dich

Ich akzeptiere,
wie Du Dich im Außen gibst
und
liebe Dich bedingungslos,
wie Du wirklich bist,
denn
ich sehe Dich.

Alles ist möglich

Man sagte mir:

"Das schaffst Du nicht,
dazu wirst Du leider
nie in der Lage sein."

Doch ich lächelte
zur Verwunderung nur,
nahm mir die Zeit,
die ich brauchte
und machte all das,
was ich in deren Augen
nie zu leisten
im Stande wäre.

Unaufhaltbar

Egal,
welche Hürde mir das Leben
auch vor die Füße legt,
nichts und niemand
hält mich auf
meine Träume zu leben.

Ehrlichkeit

Nicht immer ist es weise,
dass auszusprechen,
was wir denken.
Aber sollten wir nicht auch
immer wirklich meinen,
was wir sagen?
Nicht immer sind unsere Taten
auch unsere Worte.
Doch werden Worte
nicht bedeutungslos,
wenn wir nicht
nach ihnen handeln?

Herrlich menschlich

Und manchmal brennt Dein Herz,
mal aus Lebensfreude,
mal aus Trauer
und Schmerz.
All das gehört
zu Deinem wundervollen Leben
und macht Dich
herrlich menschlich.

Wunderbarer Trugschluss

Dieser Moment,
wo Du glaubst,
es ist vorbei,
ist der Moment,
wo durch die tiefe Liebe
und Verbundenheit
die größte Heilung
für beide
entstehen kann.
Vertraue,
fühle,
erkenne
und Du wirst
Wunder erleben.

Sehnsucht

Und manchmal gewinnst Du,
wenn Du einen Traum aufgibst,
weil Du erkennst,
dass der Weg der Sehnsucht wichtig war,
um einen Teil in Dir
in den Frieden zu bringen.
Und dann spürst Du,
alles ist gut und richtig,
genau so, wie es ist.

Kinderaugen

Wenn Du Dich
und die Welt
durch meine Kinderaugen siehst,
ist alles ganz einfach.
Erinnere Dich an damals,
als Du voller Vertrauen
und Abenteuerlust warst.
Du kannst es jederzeit wieder fühlen.
Ich weiß es,
denn ich sehe
all das die ganze Zeit
in Dir.
Reich mir Deine Hand
und lass uns leben.

Lass Dich berieseln

Lass Dich berieseln von den Ideen und
Träumen Deiner Seele.
Spüre,
wie sehr Dein Herz
vor Freude laut klopft
und Du von Glück erfüllt bist.
Und dann hält Dich nichts mehr auf
Deine Träume und Visionen
im Leben zu verwirklichen.

Weiser Kinderengel

Vor einigen Tagen
stand ich still und leise
für mich draußen und beobachtete
die kleinen und großen Menschen.
Ich sah und spürte all ihre Kämpfe,
Wut,
Sehnsüchte,
Traurigkeit
und Hilflosigkeit.
Ich fragte mich wieder einmal
nach dem WARUM.

Und einen Hauch später
bekam ich eine Antwort in meinem Innern
durch mich selbst:

„Schau Dir das Schicksal der Jungen,
Ihrer Väter
und aller männlichen Ahnen an.
So viele grausame Dinge haben sie gesehen
und zu verantworten.
Zu viele Male haben sie Krieg geführt
und Gewalt herrschte
in allen Facetten ihres Lebens.
All diese Männer
haben ihr Herz verschlossen
bei so viel Grausamkeit,
um emotional zu überleben.
Wirf ihnen nicht vor,
dass sie nicht in ihre Verantwortung gehen,
denn sie zerbrechen

an ihrem eigenen Schuldgefühl
für all das,
was sie taten.
Sie spürten damals,
dass sie alle auf einem Irrweg waren,
funktionierten wie Maschinen
und fanden keinen Ausweg daraus.
Ihre Frauen hielten die Familien zusammen,
versuchten stark zu sein
und alles allein zu tragen.
Wussten sie doch,
dass Fragen nach dem WARUM
traumatische Folgen haben.
So schwiegen sie
und ertrugen aus Liebe
ganz für sich allein.
Auch sie verschlossen ihr Herz
bei so viel erdrückender Verantwortung
und überlebten so emotional als Mensch.
All diese Frauen haben die große Sehnsucht,
dass „ihre" Söhne wieder heimkehren.
Heimkehren,
zurück in den Schoß ihrer Mütter,
um dort all den Schmerz zu heilen
und loszulassen,
damit das Herz wieder bewusst
zurück ins Leben kommen kann.
Die Männlichkeit und Weiblichkeit
waren unzählige Jahre
in Euch Menschen getrennt.
Ihr Alle spürt dies als Ungleichgewicht
in Eurem Leben,
in dem Eure Seele

so sehr nach Erdung sucht.
Eure Söhne brauchen Euer Dasein,
damit sie den Weg
von den Schlachtfeldern zurück
in Euren Schoß finden.
Denn Ihr wisst,
in Eurem mütterlichen Herzen
gibt es keine Verurteilung,
keine Schuld.
Hier herrscht nur bedingungslose Liebe,
die alles heilt.
Wenn Eure Söhne soweit sind,
werden sie ihren Schmerz verabschieden
und wieder den Weg
in die eigene männliche Kraft gehen können,
um dort
die eigene Verantwortung wieder anzunehmen,
die so sehr
auf Euren mütterlichen Schultern drückt.
All das braucht Zeit,
damit Ihr alle wieder verbunden seid
in männlicher
und weiblicher Kraft.
Die Zeit der Trennung dieser Ebenen ist vorbei,
so Ihr Menschen dazu bereit seid."

Wenige Minuten später
sah ich das Bild eines Jungen,
welches er ausgemalt hatte.
Darauf war Jesus
mit geöffnetem weiten Mantel zu sehen
und er hatte die Aufgabe bekommen,
viele Kinder

innerhalb dieses Mantels zu malen.
„Sein" Jesus
trug eine schwarze Maske über den Augen
und alle Kinder unter dem Mantel
waren traurig.
Auf die Frage,
warum alle Kinder so traurig wären,
antwortete er:

„Weil sie alle ihre
Mutter verloren haben..."

Ich hatte diesem Jungen
nichts von meinem inneren Gespräch
einige Sekunden vorher erzählt
und doch malte er genau das,
was ich spürte…

Schaut Eure Kinder an
und sie weisen Euch den Weg
zu Eurem Herzen,
zur bedingungslosen Liebe
und zum inneren Frieden.

Die Brücke unseres Lebens

Es scheint so leicht
und doch
fällt es uns manchmal schwer
über diese Brücke zu gehen,
um unsere Vergangenheit,
unsere Ängste und Zweifel
hinter uns zu lassen.
Und das,
obwohl wir wissen,
dass auf der anderen Seite der Brücke
unser Leben und unser Glück
auf uns wartet.

Dein Garten des Lebens

Du verlierst nichts,
wenn Du noch nicht
in Deinen Garten des Lebens
treten kannst.
Er gehört nur Dir,
mit allem,
was darin ist
und
ist bereit für Dich,
wenn Du es bist.

Tiefe bedingungslose Liebe

Tiefe bedingungslose Liebe
fordert nicht,
nimmt nicht in Besitz,
verurteilt nicht,
trägt nicht für den anderen,
da sie dann
nie bedingungslos wäre.

Tiefe bedingungslose Liebe
ist einfach da,
im Außen
wie im Innern,
mutet dem anderen
sein Schicksal zu,
akzeptiert die Schatten aller
mit liebevollem Blick
und lebt
als tiefe Quelle
der bedingungslosen Verbundenheit.

Herzgeflüster

Musik lässt mich das verstehen,
was mein Verstand glaubt
und lässt mich hören,
was mein Herz mir im tiefen Wissen liebevoll flüstert.

Trauma

Wenn Du
durch Dein Leben
traumatisiert wurdest,
schenke Dir die Zeit,
dies zu verarbeiten.
Du wirst es nie
aus Deinen Erinnerungen löschen können,
aber mit Hilfe von liebevoller Unterstützung
kannst Du Wege finden,
um Dir
und Deinem Leben später wieder
in Liebe und Frieden
zu begegnen.

Wunder des Lebens

Manche Wunder im Leben
begegnen Dir erst,
wenn Du den Mut hast,
die steinigen
und verborgenen Wege
zu gehen,
abseits
vom öffentlichen Pfad.

Tarnung zwecklos

Wer nur
den Applaus bei mir sucht,
wird mein Schweigen hören.
Wer sich selbst liebt
mit allem,
was dazu gehört,
dem schenke ich
voller Freude
eine La-Ola-Welle
und den ermutige ich
sich selbst weiter zu leben
und zu lieben.

Befreie Dich

Wenn Du Dich in Schuld verstrickst,
ist Dein Leben eine Sackgasse.
Wenn Du erkennst,
dass es vielmehr um Schicksal und
um Lebenserfahrungen geht,
dann eröffnen sich Dir
unendlich viele Wege
zum Glück
und zum inneren Frieden.

**Es ist nicht die Wahrheit, die Dich verletzt,
sondern Dein Kampf gegen Dich selbst.**

Kennst Du auch diesen Spruch:
„Die Wahrheit tut weh...", ?
Hast Du Dich jemals gefragt,
warum Dich die Wahrheit nicht
in glücklichen Situationen verletzt?
Hab den Mut und stell Dir genau diese Frage.

Mein Ego hat mir geantwortet:
„Da hast Du ja auch alles richtig gemacht
und alle waren glücklich."

Mein Herz schwieg in diesem Moment
und genoss das Glück.
Als ich selbst vor einiger Zeit
eine Wahrheit spürte,
die mir meinen tiefsten Schmerz zeigte,
fragte ich mich:
„Warum tut diese Wahrheit so weh,
warum zerreißt sie schirr mein Herz?"

Und mein Ego antwortete:
„Na, schau Dir das alles doch
mal an.
Na, siehst Du all Deine Fehler,
Dein Versagen?
Sieh nur,
wie sehr Du andere verletzt hast,
schau genau hin,
wofür Du alles verantwortlich bist..."

Mein Herz schaute mich an
und sprach leise
und voller Liebe:
„Deine Fehler sind menschlich
und wundervoll.
Ich wünsche Dir aus tiefster Liebe,
dass Du den Mut hast,
noch viele sogenannte Fehler zu begehen.
In diesen Momenten
bist Du ganz nah
mit Deinen Ängsten verbunden.
In diesen Momenten
schaust Du Dir selbst
in die Augen.
Erinnere Dich,
Du hast immer Dein Bestes gegeben,
auch in den Momenten,
die Du heute als Fehler bezeichnest.
Du hast Dich
nach jedem Fall auf die Knie
wieder auf die Füße gestellt
und daraus Kraft geschöpft.
Die Fehler dienten Dir
und mussten quasi
von Dir gemacht werden,
weil Du mit jeder Auferstehung
noch intensiver bei Dir
und somit
in Deinem Licht ankommst.
Erkenne,
dass Deine Fehler
Dir UND Deinen Mitmenschen dienen,
damit jeder für sich beginnen darf,

sich voll und ganz anzunehmen
in tiefer Liebe zu sich selbst.
Es gibt nichts,
wofür Du andere
um Verzeihung bitten musst.
In jeder schmerzhaften Wahrheit hast Du
eine neue Möglichkeit,
Dir SELBST zu verzeihen
und Dich anzunehmen,
mit allem,
was Dich auf dieser Welt
so einzigartig macht.
Es gibt
keinen allgemeinen einzig richtigen Weg.
Es gibt für Dich
nur DEINEN Weg.
Nutze das Licht
UND den Schatten,
um Dich weiter zu entwickeln,
Dich zu lieben,
Dich anzunehmen.
Verzeih auch Deinem menschlichen Ego.
Es wollte Dich stets beschützen
und lässt Dich in Deinem Leben
bewusst Dinge hinterfragen
aus bedingungsloser Liebe zu Dir.
Auch Dein Ego unterstützt Dich dabei
wieder aufzustehen,
wenn Du gefallen bist,
um später zurück zu kehren
in Deine innere Kraft.
Dein Ego ist
ebenso Dein Begleiter

in Deinem Leben,
wie ich es bin,
Dein Herz.
Es geht nicht darum,
nur das eine
oder das andere
zu leben,
sondern DEIN Gleichgewicht
darin zu finden,
welches Dich erfüllt
und ehrlich glücklich macht.
Du bist Mensch und Seele,
Schatten und Licht,
Niederfall und Auferstehung,
Du bist ALLES.
Liebe Dich
und danke Dir selbst für alles,
was Du bist.
Das ist die Wahrheit,
die ehrlich,
menschlich,
authentisch
und voller Liebe ist."

Mein Ego hatte
aufmerksam zugehört
und ich konnte Tränen
in allen Teilen von mir spüren.
Voller Liebe,
Dankbarkeit, Demut
und Achtung voreinander
nahmen wir einander in die Arme
und verschmolzen zu einer Einheit.

Als ich in den Spiegel schaute
und direkt in meine Augen blickte,
sah ich ihn,
den tiefen inneren Frieden
in bedingungsloser Liebe zu mir
und allem, was ist.
Die Kampfplätze im Aussen
waren verschwunden
und um mich herum herrschte
eine zärtliche Stille zu mir selbst.

Ich selbst versprach mir:
„Wann immer ich neue Kampfarenen hervorrufe,
werde ich mich
genau an diesen Moment erinnern
aus bedingungsloser Liebe
zu mir selbst."

Alles ist Liebe

Wenn deine Selbstanklage
sich in Demut verwandelt,
spürst Du,
dass ALLES Liebe ist.

Liebesgeschenk

Es ist die Liebe,
die uns die Tür öffnet,
um im Leben zu bleiben
und uns hilft,
angstfrei zu gehen,
wenn unsere Zeit
auf Erden erlischt.

Traumschiff

Schicke Deine Träume
mit einem Schiff
auf See
und es wird
zur richtigen Zeit
zu Dir zurückkehren
mit allem an Bord,
was nötig ist,
um Deine Visionen
Wirklichkeit werden zu lassen.

Ich sehe Dich

Höre nicht auf sie.
Sie sehen Dich
nicht wirklich,
weil sie sich selbst
noch nicht erkennen.
Ich bin hier
und
ich sehe Dich
und ich werde Dich
voller Liebe
an Dich erinnern,
wann immer Du es brauchst.

Lebensfreiheit

Erst als ich bereit war
die trügerische Sicherheit
meiner Opferrolle zu verlassen,
öffneten sich
die Fesseln meiner Vergangenheit
und ich war frei
für die Liebe
und das Leben.

Weil ich bei mir bin...

Meine Ohren hörten viel in den letzten Wochen.
In einigen Worten erkannte ich
eine wertvolle Wahrheit für mich.
Bei einigen Worten fiel
ich zurück in meine alten Muster,
die ich längst abgelegt glaubte.
Ich ließ es zu,
spürte hinein,
mal ganz emotional,
lachend und weinend,
mal als Beobachter meiner Selbst.
Ich wagte bewusst den noch tieferen Blick
in meinen inneren Spiegel.
Ich nahm die Kleine in mir an die Hand,
in den Arm,
tröstete sie/mich,
erklärte ihr/mir
und war dankbar für all diese geschenkten Prüfungen.
Heute sehe ich die Antwort auf meine Frage,
warum ich mich immer wieder versteckte.
Warum andere manchmal Angst vor mir haben
oder sich emotional überfordert fühlen.
Heute sehe ich die Antwort auf meine Frage,
warum es wie eine Dauerschleife immer wieder
vor meinen Füssen liegt,
diese Suche nach dem Warum.
Voller Liebe und Frieden BIN ich einfach da,
mit allem,
was ist,
Licht und Schatten,
ohne Bewertung,

sondern im himmlischen Gefühl
der Gleichwertigkeit von allem,
was zum Menschsein gehört.
Selbstbewusst,
meiner Stärke und Schwäche bewusst
lebe ich mit mir
in Glück und Frieden.
Ich weine, lache,
bin ernst und albern,
erwachsen und kindlich,
mal wütend, mal ausgeglichen,
mal laut und manchmal ganz leise.
All das bin ich
und damit nicht weniger oder mehr
einzigartig als Du.
Ich bin im Sein,
in meinem Sein.
Heute erkenne ich,
warum dies andere Menschen manchmal
ängstigt oder irritiert,
doch genau da trete ich einen Schritt zurück.
Ich bleibe bei mir und
Du somit bei Dir.
Du hast die freie Wahl,
was Du daraus machst.
An mir ändert das nichts.
Warum?
Weil ich bei mir bin,
in tiefer Liebe und Frieden mit allem,
was zu mir gehört.

Trennung auf den ersten Blick

Manchmal musst Du Dich
von dem Menschen,
die Du liebst distanzieren,
wenn ihre Ohren
verlernt haben,
auf die Melodie
Eurer Herzen zu hören.
Doch
wo wahre Liebe
und Vertrauen war,
wird es nie
eine Trennung geben,
sondern
nach einer kleinen Atempause
folgt wieder der gemeinsame Tanz
zur Herzensmelodie.

Fehler sind Diamanten

Wenn Du aufhörst
perfekt sein zu wollen,
beginnt die tiefe ehrliche
und wahrhaftige Liebe
zu Dir selbst
und Deinem Leben.

Wertigkeit

Welchen menschlichen
und inneren Wert
Du Dir schenkst,
hängt nicht vom Beifall
Deiner Umwelt ab,
sondern
von dem Maß
an Eigenliebe und Selbstwert,
welches Du für Dich selbst empfindest.

Folge Deinen Träumen

Egal
was Dir auch
im Leben widerfährt,
lass Dir nie Deine Träume
und Deine Hoffnung rauben.
Denn darin steckt Deine Energie,
die Dich vorantreibt im Leben
und andere ansteckt,
ähnliches zu tun.
Lass all die Zweifler los,
denn sie haben
einfach noch nicht gewagt
an sich selbst zu glauben
und zu vertrauen.

Sei nicht wütend

Sei nicht wütend oder verletzt,
denn all das hat
nichts mit Dir zu tun.
Habe Geduld mit ihnen.
Im Gegensatz zu Dir
wissen sie noch nicht,
was tiefe bedingungslose Liebe ist,
denn sie haben sie in ihrem Leben
noch nicht kennen gelernt.

Liebe Dich selbst bedingungslos

Beginne zu allererst
Dich selbst zu lieben
und wertzuschätzen.
Denn wie soll ein anderer Dir
dies aus Liebe schenken,
sodass Du es wirklich
mit Herz UND Verstand
spüren und glauben kannst,
wenn Du es nicht selbst
für Dich in Dir trägst?

Ich danke allen Lesern und Leserinnen fürs Zuhören und Lauschen meiner ganz persönlichen Seelenumarmungen. Vielleicht findet Ihr darin etwas für Euch selbst, für Euer Leben und Eure eigene Entwicklung. Das Leben ist ein Geschenk, ein Abenteuer in jeder Hinsicht, auf das wir uns jeden Tag aufs Neue mit unserem freien Willen einlassen dürfen.